ANTONIO VIVALDI

GLORIA D-DUR
FÜR SOLI, CHOR UND ORCHESTER
RV 589

NACH DEM PARTITURAUTOGRAPH HERAUSGEGEBEN VON
KLAUS BURMEISTER

KLAVIERAUSZUG

C. F. PETERS · FRANKFURT/M.
LEIPZIG · LONDON · NEW YORK

Inhalt

INSTRUMENTE DES ORCHESTERS

Oboe – Trompete – Violine I/II – Viola
Basso continuo: Violoncello – Kontrabaß – Fagott (ad lib.) – Orgel

---

Aufführungsdauer / Duration : ca. 30 Min.

Vorwort

immer wieder trifft man in der Fachliteratur auf die Hypothese, Bach habe Vivaldis *Gloria* gekannt und möglicherweise zum Vorbild für den entsprechenden Satz seiner h-Moll-Messe genommen. Ein sicherer Beleg konnte hierfür bisher nicht erbracht werden.

Natürlich kannte Bach einige Werke des großen italienischen Meisters; seine Wertschätzung kommt allein dadurch zum Ausdruck, daß er mehrere Violinkonzerte Vivaldis für Orgel und Cembalo bearbeitete (1713/14). Dies wiederum zeigt, daß der nur sieben Jahre ältere Vivaldi (1678-1741) weit über die Grenzen seiner Heimat hinaus bekannt war und schon zu Lebzeiten geradezu schulebildenden Einfluß ausübte.

Auch wenn der immerhin fast dreißigjährige Bach die Konzerte in erster Linie deshalb bearbeitete, um sie am weimarischen Hofe vortragen zu können, und nicht, um auf diese Weise Kompositionsmuster zu erhalten, so sind doch, wie etwa die *Brandenburgischen Konzerte* zeigen, Einflüsse des venezianischen Meisters in der Musik Bachs keineswegs von der Hand zu weisen. Der Begriff des „vivaldischen Musters" kursierte unter den komponierenden Musikern der ersten Hälfte des 18. Jahrhunderts in weiten Teilen Europas, und der wesentlich jüngere Johann Joachim Quantz (1697-1773), später als Komponist, Flötenmeister und Lehrer Friedrichs des Großen hoch geschätzt, erklärte, über seine Lehrjahre (1714) nachsinnend, in seiner Autobiographie: *„In Pirna bekam ich zu dieser Zeit die Vivaldischen Violinenconcerte zum erstenmale zu sehen. Sie machten, als eine damals gantz neue Art von musikalischen Stücken, bey mir einen nicht geringen Eindruck. [...] Die prächtigen Ritornelle des Vivaldi, haben mir, in den künftigen Zeiten, zu einem guten Muster gedienet."*[1]

Vivaldis grenzüberschreitender Bekanntheitsgrad beruhte vornehmlich auf seinen Konzerten, die an den europäischen Höfen gesammelt und natürlich auch aufgeführt wurden. Es war wirklich eine *„gantz neue Art"* zu komponieren und musizieren entstanden, gekennzeichnet durch die Erprobung immer neuer Gattungen, Formen, Stil- und Ausdrucksmittel, durch die eindeutige Hinwendung zur noch neuen Dur-Moll-Harmonik, durch weiterreichende Modulationsmöglichkeiten vor allem in den Soloabschnitten der Konzerte und schließlich durch eine feinsinnige Differenzierung der Thematik zwischen prägnanten Ritornellen und figurativen Soli.

Ganz im Gegensatz zu den Konzerten sind die zahlreichen kirchenmusikalischen Werke Vivaldis kaum über die nähere Umgebung ihrer Aufführungen hinaus bekannt geworden und nach dem Tod des Komponisten schließlich mehr und mehr in Vergessenheit geraten; der Quellenbestand, wie er beispielsweise in Dresden überliefert ist, bildet eine der wenigen Ausnahmen. Die genaue Anzahl der kirchenmusikalischen Werke Vivaldis ist bis heute nicht sicher zu benennen, teils wegen verlorengegangener Quellen, teils wegen Echtheitszweifeln bzw. vermuteter falscher Zuschreibung. Schätzungen sprechen immerhin von mehr als 50 Werken. Erst durch Funde zahlreicher Werkbestände in den späten zwanziger Jahren unseres Jahrhunderts, welche den bisher bekannten Umfang bei weitem übertrafen, wurde ersichtlich, welch großen Anteil die Vokalmusik im Schaffen Vivaldis hatte. Neben Opern fanden sich viele für den kirchlichen Gebrauch komponierte Werke; sie ließen ein ganz neues Bild sowohl vom Umfang als auch von der Bedeutung des gesamten Œuvres entstehen.

Vivaldis Kirchenmusik – Oratorien, Messen oder Meßteile, Solokantaten, Vespern, Motetten und kleinere liturgische Werke – war selbstverständlicher Bestandteil seines beruflichen Werdegangs. Schon früh war Vivaldi durch seinen Vater Giovanni Battista, der als Musiker im seinerzeit berühmten Orchester des Markusdoms in Venedig tätig war, mit der kirchlichen Sphäre in Berührung gekommen. So nimmt es nicht Wunder, daß er selbst, ein junger Musiker mit großen geigerischen Fähigkeiten, in kirchliche Dienste trat und sogar priesterliche Weihen erhielt. 1703 war Vivaldi als Pädagoge in das *Ospedale della Pietà* eingetreten, eines von mehreren venezianischen Waisenhäusern für

Mädchen, in denen neben Gesang auch Instrumentalunterricht erteilt wurde. Die öffentlichen Konzerte in den Waisenhäusern hatten, wie zeitgenössische Berichte dokumentieren, einen besonderen Stellenwert im musikinteressierten Venedig. Vermutlich ging es auf Vivaldis außerordentliches pädagogisches Geschick zurück, daß dem *Ospedale della Pietà* schon bald der Ruf vorausging, das beste Orchester zu besitzen. Nach dem Ausscheiden des Komponisten und Leiters des Musikseminars im *Ospedale*, Francesco Gasparini (1668-1727), im Jahre 1713 wurde Vivaldi zum eigentlichen Hauskomponisten erhoben, ohne allerdings dieses Amt anzutreten. Obwohl dies eine verstärkte Hinwendung zur Kirchenmusik geradezu herausforderte, widmete sich Vivaldi seit jener Zeit verstärkt dem Opernschaffen. Die Verbindung zu seiner eigentlichen Wirkungsstätte blieb, durch Reisen und viele Verpflichtungen als Opernkomponist unterbrochen, für einige weitere Jahre (etwa bis 1719) nachweislich bestehen. Erst zwischen 1735 und 1740 nahm er diese Verbindungen wieder ernsthaft auf.

Da die meisten Kirchenkompositionen weder über schriftliche Nachweise noch mit stilistischen Untersuchungen sicher zu datieren sind, bleiben uns heute nur Mutmaßungen über die Entstehungszeit auch des *Gloria* in D-Dur, über das hinaus sich übrigens eine weitere gleichnamige Komposition erhalten hat (eine dritte Vertonung ist offensichtlich verschollen). So kann das Werk sowohl in Vivaldis erster aktiver Zeit am *Ospedale* entstanden oder aber mit dem *Gloria*, das er nachweislich 1725 für die Hochzeit Ludwigs XIV. von Frankreich zu komponieren hatte, identisch sein, wenngleich die Solobesetzung von zwei Frauenstimmen (Sopran und Alt) doch eher an die aufführungspraktischen Gegebenheiten des Waisenhauses für Mädchen erinnern mag.

Das *Gloria* wurde nicht als Teil einer größeren Meßvertonung, sondern als selbständige Komposition konzipiert. Es handelt sich dabei um ein umfangreiches, zyklisch angelegtes Werk, das aus zwölf in sich abgeschlossenen Sätzen besteht. Stilistisch kommt das *Gloria* der konzertanten Messe nahe. Die Ecksätze und das *Quoniam* erhalten durch Oboen und Trompeten einen festlichen Glanz, während die anderen Sätze – solistisch oder chorisch in den Vokalpartien besetzt – von Streichern mit Basso continuo (Orgel) begleitet werden. Eine Ausnahme bildet das im Zentrum der Komposition stehende *Domine Deus* mit seiner kammermusikalischen Solobesetzung (Sopran, Oboe, Basso continuo). Das gesamte Werk kann hinsichtlich seines Aufbaus, seiner Tonartenfolge, vor allem aber seiner kontrastreichen und affektgebundenen Kompositionsweise als ein Musterbeispiel für die Verbindung von altem und neuem Stil gelten. Das *Gloria* steht den instrumentalen Werken Vivaldis ebenso nahe wie dessen dramatischen Kompositionen.

Als Quelle für die neue Partiturausgabe (Edition Peters Nr. 8866), nach der der vorliegende Klavierauszug entstanden ist, diente eine Kopie von Vivaldis Partiturautograph aus dem Bestand der Biblioteca Nazionale Torino (Signatur: *ms.Giordano 32 cc. 90-129*; Titel: *Gloria à 4 con Istro:ti del Vivaldi*). Die Vokalpartien wurden in heute übliche Schlüssel übertragen, die Vorzeichensetzung modernisiert. Die wenigen Ergänzungen des Herausgebers sind durch Klammern (bei Akzidentien und dynamischen Zeichen) bzw. gepunktete Bögen kenntlich gemacht. Einige notwendig gewordene Hinweise zur Revision werden in den Fußnoten aufgezeigt.

Klaus Burmeister

[1] *Herrn Johann Joachim Quantzens Lebenslauf, von ihm selbst entworfen,* in: Friedrich Wilhelm Marpurg, *Historisch-kritische Beyträge zur Aufnahme der Musik,* Bd. 1, Berlin 1755, Nachdr. Hildesheim 1970, S. 197-250, hier: S. 205.

Preface

Again and again one encounters, in the specialist literature, the hypothesis that Bach was acquainted with Vivaldi's *Gloria* and may have taken it as the model for the like-named section of his Mass in B minor. To date, however, no proof of this conjecture has been forthcoming.

Of course Bach knew several works by the great Italian master; one expression of his high esteem is the number of Vivaldi's violin concertos he arranged as concertos for organ or harpsichord (1713-14). This in turn reveals that Vivaldi (1678-1741), who was only seven years Bach's senior, was known far beyond the confines of his native country and even exercised a virtually formative influence during his lifetime.

Although Bach, by then almost thirty years old, arranged these concertos primarily in order to perform them at the court of Weimar rather than to obtain compositional patterns, there is no gainsaying influence of the Venetian master on his music, as witness the Brandenburg Concertos. The notion of a 'Vivaldi pattern' spread among composers throughout large parts of Europe during the first half of the eighteenth century. In his autobiography Johann Joachim Quantz (1697-1773), a considerably younger musician later highly regarded as a composer, flute virtuoso and teacher of Frederick the Great, recalled the impact of Vivaldi's music during the years of his musical apprenticeship: *"In Pirna, I was able during these years to set eyes for the first time on Vivaldi's violin concertos. They made no small impression on me, being at that time a fully novel species of music. [...] The splendid ritornelli served me in later years as an excellent pattern."*[1]

Vivaldi's international renown came about largely as a result of his concertos, which were collected – and, of course, performed – throughout the courts of Europe. These works indeed constituted a 'fully novel species' of composition and performance: they constantly essayed new genres, forms, stylistic devices and means of expression, turned unambiguously to the major-minor system of harmony, undertook bold modulations (especially in their solo sections) and artfully differentiated the thematic material between sharply-etched ritornelli and figurative solo passages.

Quite unlike the concertos, Vivaldi's voluminous output of sacred works was hardly known beyond the purlieus of their original performance. Following the composer's death they fell increasingly into an oblivion for which the number of sources surviving in, say, Dresden forms an exception. Even today it is difficult to say exactly how many pieces of church music Vivaldi composed, partly because of their vanished sources, partly because of their doubtful authenticity or alleged spuriousness. None the less, estimates arrive at a figure over fifty. Not until several large bodies of manuscripts far exceeding previous estimates were unearthed in the 1920s did it become clear just what proportion of Vivaldi's output was devoted to vocal music. In addition to operas there were many pieces written for use in church, conveying a completely new picture both of the volume and the significance of Vivaldi's musical output.

Vivaldi's church music – oratorios, full or partial settings of the Mass, solo cantatas, Vespers, motets and minor liturgical pieces – was the natural upshot of his evolution as a composer. In his early years Vivaldi had been brought into contact with ecclesiastical circles by his father, a musical in the celebrated orchestra of St Mark's Cathedral in Venice. It comes as no surprise, then, that a young musician with great prowess on the violin should seek a living in the church and even be ordained a priest. In 1703 Vivaldi became a teacher as the *Ospedale della Pietà*, one of Venice's several girls' orphanages which offered instruction in singing and musical instruments. As we learn from contemporary accounts, the public concerts given by these orphanages had a special position in Venice's musical life. It was probably due to Vivaldi's extraordinary abilities as a teacher that the *Ospedale della Pietà* soon enjoyed the reputation of possessing Venice's best orchestra. In 1713, with the departure of the composer Francesco Gasparini (1668-1727) as the *Ospedale*'s musical director, Vivaldi was elevated de facto to the position of its house composer without actually assuming this office. Although the position virtually demanded that he devote greater attention to church music, Vivaldi turned from then on increasingly to opera. There is evidence to prove that for several years more (until roughly 1719) the connections with his actual place of employment remained intact, albeit frequently interrupted by journeys and by his obligations as an opera composer. Not until 1735 to 1740 did he resume these connections seriously.

As few of Vivaldi's church compositions can be dated on the basis of written or stylistic evidence, the origins of the *Gloria* in D major remain shrouded in conjecture. (At least one other composition of this title has survived, and a third is apparently lost.) The work may have arisen during Vivaldi's first period of activity at the *Ospedale*, or it may be the *Gloria* known to have been written in 1725 for the marriage of Louis XIV of France, although the scoring for two female soloists (soprano and alto) tends to suggest conditions of performance at the girls' orphanage.

Rather than being conceived as part of a larger Mass setting, the *Gloria* is an independent work, a cyclical composition of broad design consisting of twelve self-contained movements. Stylistically, it closely resembles a concertante Mass. Oboes and trumpets impart a festive splendour to the outside movements and the *Quoniam*, while the other movements, whether taken by soloists or by the chorus, are accompanied by strings with basso continuo (organ). The sole exception is the heart of the composition, the *Domine Deus*, with its chamber music scoring for soprano, oboe and continuo. As far as its formal layout, its sequence of keys and, especially, its striking contrasts and its espousal of the doctrine of affections are concerned, the entire piece can be regarded as a prime example of the union of the old and new styles. The *Gloria* is no less beholden to Vivaldi's instrumental music than to his stage works.

The present piano reduction is based on the new edition of the full score (Edition Peters No. 8866), which in turn draws on a copy of Vivaldi's holograph now located in the Biblioteca Nazionale Torino, where it is entitled *Gloria à 4 con Istro:ti del Vivaldi* and preserved under the call number *ms.Giordano 32 cc. 90-129.* The vocal parts have been placed in the clefs commonly used today; accidentals have been modernized. The few editorial additions are indicated by brackets (for accidentals and dynamic marks) or by dotted lines in the case of slurs. Several necessary remarks on editorial practice can be found in the footnotes.

Klaus Burmeister

---

[1] Translated from: *Herrn Johann Joachim Quantzens Lebenslauf, vom ihm selbst entworfen,* in Friedrich Wilhelm Marpurg: *Historisch-kritische Beiträge zur Aufnahme der Musik,* volume 1 (Berlin, 1755; repr. Hildesheim, 1970), pp. 197-250, see esp. p. 205.

GLORIA
für Soli, Chor und Orchester
RV 589

1. Gloria in excelsis Deo

Antonio Vivaldi (1678-1741)
Herausgegeben von Klaus Burmeister

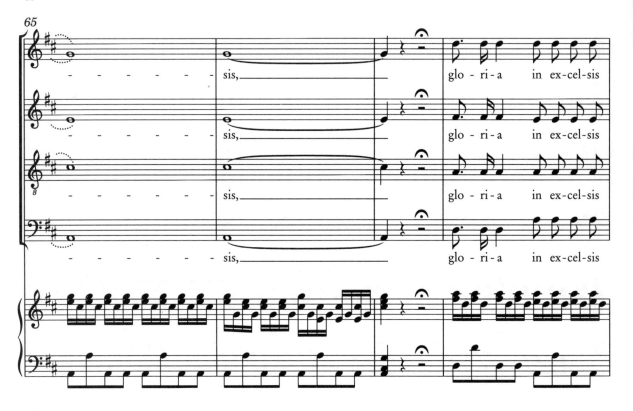

2. Et in terra pax

51

55

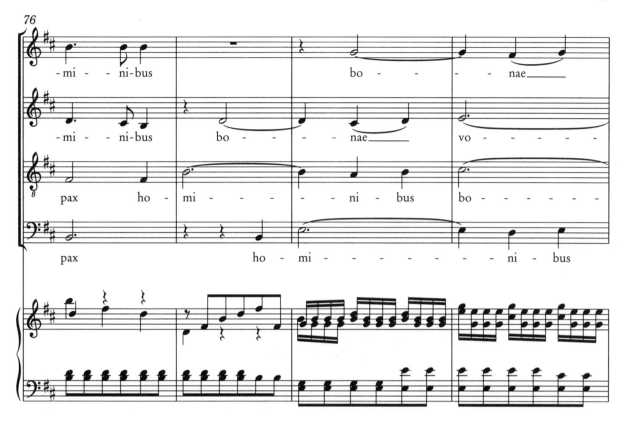

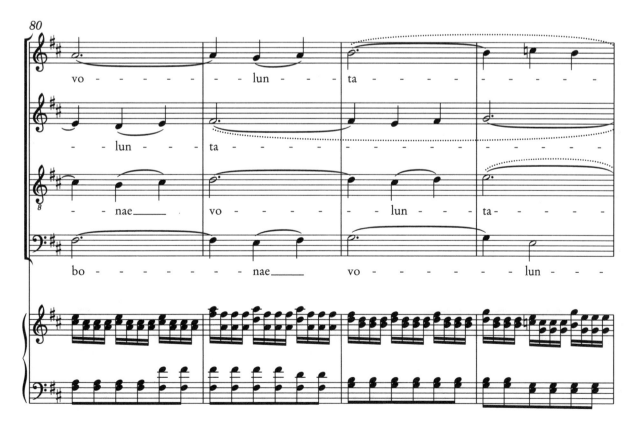

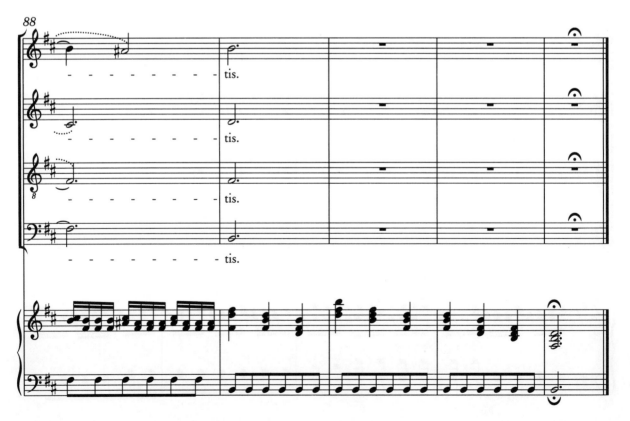

3. Laudamus te

22

Edition Peters
31977

4. Gratias agimus tibi

5. Propter magnam gloriam

28

Edition Peters   31977

6. Domine Deus

7. Domine Fili unigenite

*) A: d'

*) A: 𝄽

8. Domine Deus, Agnus Dei

9. Qui tollis peccata mundi

10. Qui sedes ad dexteram Patris

Qui se — — — — des ad dex — — — — te-ram

Pa - tris, mi-se-re — — — — — — — — — — — — — — —

11. Quoniam tu solus sanctus

12. Cum Sancto Spiritu

52

56

LIEDER / Gesang und Klavier / Voice and Piano

J. S. BACH Schemellisches Gesangbuch (Wenzel) . . . . EP 4612
BEETHOVEN 67 Lieder (Unger) . . . . EP 180
– 30 ausgewählte Lieder (Friedlaender), h/t . . . . EP 731/732
– Schottische und irische Lieder: 15 ausgewählte Soli, Duette
  u. Terzette aus op. 108 und WoO 152-157 (e.), m. Klav.,
  Vl. u. Vc. (od. Klav. allein), revid. Ausg. (Schenck) . . . . . . EP 11251
– – hierzu: Vokalpartitur . . . . EP 11251a
BRAHMS Lieder in 4 Bänden
– Bd. I: 51 ausgewählte Lieder aus op. 3, 7, 19, 46-49,
  63, 69-72, 84-86, 94-97, 105-107, h/m/t . . . . EP 3201a/b/c
– Bd. II: 15 Magelone-Lieder (op. 33) und 18 ausgewählte
  Lieder aus op. 14, 32, 43, 57, 59, 63, h/t . . . . EP 3202a/b
– Bd. III: 6 Lieder (op. 6), 8 Lieder (op. 58) und 51 ausgewählte
  Lieder aus op. 3, 7, 14, 19, 32, 43, 46-49, 57, 59, 63, h/t. . . EP 3691a/b
– Bd. IV: Vier ernste Gesänge (op. 121) und 44 ausgewählte
  Lieder aus op. 69-72, 84-86, 94-97, 105-107,
  WoO 21, WoO 23, h/t . . . . EP 3692a/b
– 20 Deutsche Volkslieder WoO 33 (Auswahl), h/t . . . . (*) EP 3927a/b
– Volkskinderlieder WoO 31 . . . . EP 3696
– Acht Zigeunerlieder op. 103, Urtext, h/m/t. . . . . EP 11096a/b/c
CHOPIN 16 polnische Lieder op. 74 (d.), h/m. . . . . EP 1925a/b
CORNELIUS 28 Lieder (Friedlaender) . . . . EP 3106
– Weihnachtslieder, h/t . . . . (*) EP 3105a/b
DEBUSSY Lieder (R. Zimmermann) (fr.), Urtext
– 3 Chansons de France, 3 Poèmes de l'Hermite . . . . EP 9241
– 5 Poèmes de Baudelaire . . . . EP 9235
– Proses lyriques . . . . EP 9239
– Frühe Lieder nach verschiedenen Dichtern. . . . . EP 9244
DESSAU Lieder aus dem Nachlass (Bauni) . . . . EP 11098
FRANZ 50 ausgewählte Lieder, t. . . . . EP 9085b
GRIEG Sämtliche Lieder, 2 Bde., Ausgabe in Original-
  tonarten nach GGA (d./e./norw.), Urtext
– Bd. I: op. 2, 4, 5, 9, 10, 15, 18, 21, 23 (3 Lieder aus
  „Peer Gynt"), 25, 26, 32, 33, 39, 44, 48, 49 . . . . EP 8514a
– Bd. II: op. 58-61, 67, 69, 70; EG 121-157 . . . . EP 8515a
– 60 ausgewählte Lieder (d.), h/m und t . . . . EP 3208a/b
HÄNDEL 9 Deutsche Arien HWV 202-210,
  Sopran, Violine (Flöte, Oboe) und Bc. . . . . (*) EP 8782
LISZT 20 ausgewählte Lieder (d'Albert), h . . . . EP 8590a
LOEWE Ausgewählte Balladen und Lieder, 2 Bde.
– Bd. I: Tom der Reimer, Heinrich der Vogler, Die Uhr,
  Erlkönig, Der Nöck, Prinz Eugen u. a., h/t . . . . EP 2960a/2961a
– Bd. II: Graf Eberstein, Zauberlehrling, Die wandelnde
  Glocke, Die verfallene Mühle u. a., h/t . . . . EP 2960b/2961b
MAHLER Lieder eines fahrenden Gesellen (d.), Urtext . . . . . EP 9265
– 7 Lieder aus letzter Zeit (5 Rückert-Lieder, Revelge,
  Der Tamboursg'sell) (d./e.), h/m/t . . . . KT 7613-15
– Kindertotenlieder (d./e.), h, Urtext . . . . KT 7430
– – Ausgabe für mittlere Stimme (d.) . . . . KT 9218
MENDELSSOHN 69 Lieder op. 8, 9, 19, 34, 47, 57,
  71, 84, 86, 99, 112/1 (z. T. v. Fanny Hensel);
  10 Lieder o. op., h/m/t. . . . . EP 1774a/b/c
– 20 ausgewählte Lieder (Losse), h/m . . . . EP 4570a/b
MOZART 50 ausgewählte Lieder (Moser), h/t . . . . . . (*) EP 4699a/b
MUSSORGSKI Kinderstube / Lieder und Tänze des
  Todes (Stamm), Ausgabe in Originaltonarten (d./russ.) . . . . EP 8787a
– – Ausgabe für tiefe Stimme . . . . EP 8787b
– Lieder in 2 Bänden (d.) (Hans Schmidt)
– – Bd. I: 12 Lieder (Lieder und Tänze des Todes,
    Kinderstube, Hopak), h/m . . . . EP 3394a
– – Bd. II: 7 Lieder, m . . . . EP 3394b
PFITZNER 6 Lieder op. 40, m . . . . EP 4293
– 2 Lieder op. 21: Herbstlied, Die Nachtigallen, h . . . . EP 11227
– 3 Sonette op. 41 für Männerstimme und Klavier:
  Auf die Morgenröte, Der verspätete Wanderer, Das Alter . . EP 11228

REGER 12 Geistliche Lieder op. 137 (d.), m . . . . EP 3452
– 5 neue Kinderlieder op. 142 (d.), t . . . . EP 3991b
– Wiegenlied o. op. („Schlaf, Kindlein, balde") (d./e.), m . . . . . EP 3272
SCHÖNBERG 4 Deutsche Volkslieder . . . . EP 4826
SCHUBERT Lieder (Friedlaender), 7 Bände
– Bd. I: 92 Lieder, h/m/t/sehr tief . . . . EP 20a/b/c/d
– Bd. II: 75 Lieder, h/m/t . . . . EP 178a/b/c
– Bd. III: 45 Lieder, h/m/t . . . . EP 790a/b/c
– Bd. IV: 62 Lieder, original . . . . EP 791
– Bd. V: 52 Lieder, original . . . . EP 792
– Bd. VI: 69 Lieder, original . . . . EP 793
– Bd. VII: 51 Lieder, original . . . . EP 2270
Neuausgabe nach Opus-Zyklen
(Fischer-Dieskau/Budde), 4 Bde., Urtext
– Bd. I: Die Schöne Müllerin, Winterreise,
  Schwanengesang, h/m/t . . . .(*) EP 8303a/b/c
– Bd. II: 54 Lieder op. 1-8, 12-14, 19-24, 26,
  31, 32, 36, h/m/t . . . . EP 8304a/b/c
– Bd. III: 46 Lieder op. 37-39, 41, 43, 44, 52,
  56-60, 62, 65, 68, 71-73, 79, 80, h/m/t . . . . EP 8305a/b/c
– Bd. IV: 45 Lieder op. 81, 83, 85-88, 92, 93,
  95-98, 101, 105, 106, 108, h/m/t . . . . EP 8306a/b/c
– Liederbuch (60 Lieder für den Unterricht), h/t . . . . . . (*) EP 4622a/c
SCHUMANN Lieder (Friedlaender), 3 Bde.
– Bd. I: Zyklen (Myrten op. 25, Eichendorff-Liederkreis
  op. 39, Frauenliebe und Leben op. 42, Dichterliebe op. 48)
  und 15 ausgewählte Lieder aus op. 24, 35, 36, 45,
  49, 51, 53, 64, 79, 127, 138, h/m/t . . . . EP 2383a/b/c
– Bd. II: Heine-Lieder op. 24, Fünf Lieder op. 27,
  Drei Gedichte op. 30, Drei Gesänge op. 31, Fünf Lieder op. 40,
  Belsazar op. 57, Fünf Lieder op. 77 und 58 ausgewählte Lieder
  aus op. 35-37, 45, 49, 51, 53, 64, 74, 79, 98a, h/m. . . . . EP 2384a/b
– Bd. III: 3 Gesänge op. 83, Der Handschuh op. 87,
  Sechs Gesänge op. 89, Sechs Gesänge u. Requiem op. 90,
  Drei Gesänge op. 95, Fünf Lieder op. 96, Sieben Lieder op. 104,
  Sechs Lieder op. 107, Vier Lieder op. 117, Drei Gedichte
  op. 119, Fünf Gesänge op. 125, Fünf Gedichte op. 135,
  Vier Gesänge op. 142 und 23 ausgewählte Lieder aus op. 98a,
  101, 127, 138, 139, WoO 7, h/m . . . . EP 2385a/b
Neuausgaben in Originaltonarten (H. J. Köhler), Urtext
– Dichterliebe op. 48 . . . . (*) EP 9537
– Frauenliebe und Leben op. 42 . . . . (*) EP 9536
– Liederkreis nach Eichendorff op. 39 . . . . (*) EP 9535
– Liederalbum für die Jugend op. 79 . . . . EP 9539
TSCHAIKOWSKY 20 ausgewählte Lieder (russ./d.)
(Losse/Laux), h/m/t . . . . EP 4651a/b/c
WAGNER Wesendonck-Lieder, h/t . . . . EP 3445a/b
WOLF Eichendorff-Lieder (d./e.), original Bd. II . . . . EP 3148a
– – tief Bd. I . . . . EP 3147b
– Goethe-Lieder, original, 4 Bde. . . . . EP 3156-59
– Heinrich-Heine-Lieder (Liederstrauß) . . . . EP 3161
– Italienisches Liederbuch (d./e.), original, 3 Bde. . . . . . . EP 3144-46
– – Auswahl für tiefe Stimme . . . . EP 3184
– Lieder nach verschiedenen Dichtern (d./e.), original. . . . . . . EP 3154
– Michelangelo-Lieder (d./e.) für Bass . . . . EP 3155
– Mörike-Lieder (d./e.), original, 4 Bde. . . . . EP 3140a-43a
– – Ausgabe für tiefe Stimme. . . . . EP 3140b/42b/43b
– Spanisches Liederbuch (d./e.), original, 4 Bde. . . . . EP 3149-52
– – Auswahl für tiefe Stimme:
– – – Bd. II: Weltliche Lieder . . . . EP 3185b
– 51 ausgewählte Lieder aus: Mörike-Lieder,
  Spanisches Liederbuch, Italienisches Liederbuch,
  Eichendorff-Lieder u. a. (d./e.), h/t . . . . EP 4290a/b
– Bariton-Bass-Album, 35 ausgewählte Lieder (d./e.). . . . . . . EP 4291
– Lieder zur Weihnacht (aus div. Zyklen) (d./e.), m . . . . EP 4289

(*) Zu diesen Ausgaben ist eine Music-Partner-CD mit eingespieltem Klavierpart erhältlich / Music partner CD available

C. F. PETERS · FRANKFURT/M. · LEIPZIG · LONDON · NEW YORK
www.edition-peters.de · www.edition-peters.com

CHORSINGEN – LEICHT GEMACHT

JOHANN SEBASTIAN BACH
– **Johannes-Passion BWV 245**
 Klavierauszug EP 8635
 CD: MPC 8635-1/2/3/4 (je 2 CDs)
– **Matthäus-Passion BWV 244**
 Klavierauszug EP 4503
 CD: MPC 4503-1/2/3/4 (je 2 CDs)
– **Messe h-Moll BWV 232**
 Klavierauszug EP 8736
 CD für S1 / S2 / A / T / B:
 MPC 8736-11/12/2/3/4 (je 2 CDs)
– **Weihnachtsoratorium BWV 248**
 Klavierauszug EP 8719
 CD: MPC 8719-1/2/3/4 (je 2 CDs)

LUDWIG VAN BEETHOVEN
– **9. Symphonie / Chorfantasie c-Moll**
 Klavierauszug 9. Symphonie EP 2227
 Klavierauszug Chorfantasie EP 8723
 CD: MPC 8723-1/2/3/4

JOHANNES BRAHMS
– **Ein deutsches Requiem op. 45**
 Klavierauszug EP 3672
 CD: MPC 3672-1/2/3/4 (je 2 CDs)

ANTONÍN DVOŘÁK
– **Stabat Mater op. 58**
 Klavierauszug EP 8639
 CD: MPC 8639-1/2/3/4 (je 2 CDs)

GABRIEL FAURÉ
– **Requiem op. 48**
 Klavierauszug EP 9562
 CD: MPC 9562-1/2/3/4

CHARLES GOUNOD
– **Messe solennelle G-Dur (Cäcilienmesse)**
 Klavierauszug EP 8729
 CD: MPC 8729-1/2/3/4

GEORG FRIEDRICH HÄNDEL
– **Der Messias HWV 56**
 (auf CD gesungen in deutsch)
 Klavierauszug EP 4501
 CD: MPC 4501-1/2/3/4 (je 2 CDs)

MPC Nr.: 1/2/3/4: 1=Sopran; 2=Alt; 3=Tenor; 4=Bass

JOSEPH HAYDN
– **Die Schöpfung Hob. XXI: 2**
 Klavierauszug EP 8998
 CD: MPC 66-1/2/3/4
– **Die Jahreszeiten Hob. XXI: 3**
 Klavierauszug EP 11031
 CD: MPC 11031-1/2/3/4

FELIX MENDELSSOHN BARTHOLDY
– **Elias op. 70**
 Klavierauszug EP 1749
 CD: MPC 1749-1/2/3/4 (je 2 CDs)
– **2. Symphonie (Lobgesang) B-Dur op. 52**
 Klavierauszug EP 1750
 CD: MPC 1750-1/2/3/4
– **Die erste Walpurgisnacht op. 60**
 Klavierauszug EP 1752
 CD: MPC 1752-1/2/3/4
– **Paulus op. 36**
 Klavierauszug EP 1748
 CD: MPC 1748-1/2/3/4

WOLFGANG AMADEUS MOZART
– **Missa C-Dur KV 317 (Krönungsmesse)**
 Klavierauszug EP 8115
 CD: MPC 8115-1/2/3/4
– **Requiem d-Moll KV 626 (Beyer)**
 Klavierauszug EP 8700a
 CD: MPC 8700-1/2/3/4
– **Missa c-Moll KV 427**
 Klavierauszug EP 8706
 CD: MPC 8706-1/2/3/4

GIOACCHINO ROSSINI
– **Petite Messe solennelle**
 Partitur (=Klavierauszug) EP 8684
 CD: MPC 8684-1/2/3/4

FRANZ SCHUBERT
– **Messe G-Dur D 167**
 Klavierauszug EP 10858
 CD: MPC 1049-1/2/3/4

GIUSEPPE VERDI
– **Requiem**
 Klavierauszug EP 4251
 CD: MPC 4251-1/2/3/4 (je 2 CDs)

musicPartner

C. F. Peters · Frankfurt/M. · Leipzig · London · New York
www.edition-peters.de